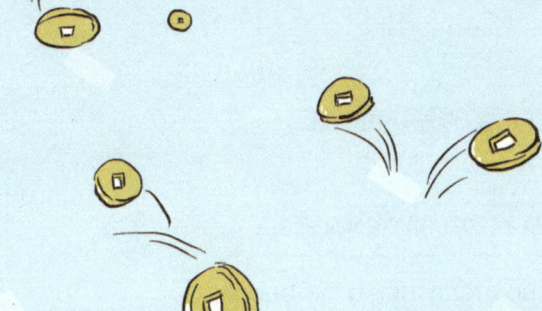

中国古代的钱币

我们的国粹

陈益民 ◎ 编著

天津出版传媒集团
新蕾出版社

图书在版编目(CIP)数据

中国古代的钱币/陈益民编著.-- 天津：新蕾出版社，2022.3（2023.5 重印）
（我们的国粹）
ISBN 978-7-5307-7332-1

Ⅰ.①中… Ⅱ.①陈… Ⅲ.①古钱（考古）-中国-通俗读物 Ⅳ.①K875.6-49

中国版本图书馆 CIP 数据核字（2021）第 262566 号

书　　名	中国古代的钱币 ZHONGGUO GUDAI DE QIANBI
出版发行	天津出版传媒集团 新蕾出版社

http://www.newbuds.com.cn

地　　址	天津市和平区西康路 35 号（300051）
出 版 人	马玉秀
电　　话	总编办（022）23332422 　　　发行部（022）23332351　23332679
传　　真	（022）23332422
经　　销	全国新华书店
印　　刷	天津海顺印业包装有限公司
开　　本	787mm×1092mm　1/16
字　　数	65 千字
印　　张	7.5
版　　次	2022 年 3 月第 1 版　2023 年 5 月第 3 次印刷
定　　价	30.00 元

著作权所有，请勿擅用本书制作各类出版物，违者必究。
如发现印、装质量问题，影响阅读，请与本社发行部联系调换。
地址：天津市和平区西康路 35 号
电话：(022)23332677　邮编：300051

序言

为什么要读国学？

由新蕾出版社约请专家学者编写的中华优秀传统文化启蒙读物——"我们的国粹"丛书与大家见面了，这是新蕾出版社开发的学生启蒙系列图书之一。

启蒙，通俗地说，就是自古相传至今的"发蒙"。"发蒙"这个词最早见于《周易》，后来专门用来指通过识字读书而逐渐脱离懵懂无知的状态。所以一直到今天，进入学校开始识字仍然被老辈人称作"发蒙"。

中华传统文化是中华民族创造的具有伟大成就的文化系统，也是人类历史上迄今为止唯一得到了一脉相承的延续与发展而从未断灭的文化系统。我们应当了解中华先民创业的艰辛，熟悉中华民族优秀的历史传统，把握中华文化的精神特质，自觉地成为中华文化的当代传人。这样，在国学方面的"发蒙"就是不可或缺的了。普及国学知识，进行文化启蒙，"我们的国粹"丛书正可以起到这样的作用。

除此之外，对于正确对待国学，本丛书还有另外一种意义上的"启蒙"，即去除偏见以走出蒙昧。当下应当清除的对于国学的最大的偏见，就是仍然有些人把国学归结为腐朽落后的东西。这种偏见会不自觉地影响到少年儿童，从长远看会危及他们的文化认同感和民族自信心的形成。这是不可掉以轻心的问题。正像中国现代化历程所证明的，中华文化中蕴含着中华民族的民族精神，这是一个民族赖以生存和发展的精神支撑。一个民族，没有振奋的精神和高尚的品格，不可能自立于世界民族之林。而民族精神正是孕育和发展于民族传统文化之中的。离开了民族传统文化，所谓"民族精神"就只能是无源之水、无本之木。中华民族的现代腾飞必然是与中华文化的现代复兴相伴随的。

进入21世纪，传承和发扬中华文化、实现中华文化现代复兴的使命历史性地落到了当代中国人的肩上。新蕾出版社作为国内知名出版社，致力于弘扬中华优秀传统文化与以爱国主义为核心的民族精神，出版"我们的国粹"丛书，可谓有远大的出版眼光和殷切的历史使命感。

本丛书不仅意旨深远，在形式和内容的有机结合上，也做了精心的安排。书中运用了体现新时代特征的活泼灵动的语言、插画，多层面、多角度地表现了中华优秀传统文化的内涵，融知识性、科学性、艺术性、娱乐性和趣味性于一体，寓教于乐，使小读者通过阅读生动有趣的故事，获得国学知识，得到智慧启迪，潜移默化地受到中华优秀传统文化的熏陶，从而提高文化素养，增强民族自信心与自豪感。从这个意义上讲，"我们的国粹"丛书无疑是一套普及国学知识、弘扬中华传统文化的优秀入门读物，必将产生良好的社会影响。

李翔海

中国哲学史学会理事

北京大学中国文化发展研究中心常务副主任

写给小读者的话

亲爱的小读者,你是不是经常被爸爸妈妈、爷爷奶奶称作"宝贝"?你有没有想过,他们为什么会叫你"宝贝"呢?在学习语文时,你有没有听过"债台高筑""孤注一掷""腰缠万贯""一诺千金""不名一文"等成语及其典故呢?你明白它们的含义吗?每当过年时,大人总会给你压岁钱吧?那压岁钱的来历又是怎样的呢?

我相信,你一定很想知道这些问题的答案。别着急,你慢慢读完这本书,就可以明白这一切。而且,你了解到的还远不止这些知识。从这本介绍中国古代钱币文化的书中,你还可以知道中国钱币的起源、早期钱币的种类、圆形方孔钱的演变、元宝的来源、纸币的发明、钱币史上的奇人逸事和风俗习惯等。许许多多有趣的故事，包含在钱币的发展历史中。

圆形铜钱的中间有个方孔，俗称"钱眼"。我们或许可以打个比方，了解有关古代钱币的知识，就像通过"钱眼"看历史，不仅能看到钱币的演变历程，也可以从中透视世情百态，乃至人性的善恶。金钱就像一面镜子，可以"照"出人们生活的环境，还可以验证人们思想境界的高低。

读完书中对古代钱币的描述，你一定能获得更多的文化知识，明白更多的人生道理，说不定还能成为一个理财小能手呢！

目录

第1章 早期的中国货币

钱币的老祖宗　　002

生产工具与钱币　　012

从"千金买骨"说说黄金　　019

第2章 流通时间最久的铸币

货币大统一　　028

"长寿"的五铢钱　　036

钱币与皇权　　047

第3章 钱币的其他"面孔"

妙用皮币的汉武帝　　055

公孙述的铁钱谋略　　060

元宝的由来　　068

纸币的发明　　076

第4章　钱币史上的奇人逸事

邓通的发迹史　　088

疯狂的王莽　　094

不肯说"钱"字的名士　　102

第5章　压岁钱：与钱币有关的风俗

第1章

早期的中国货币

你一定听过司马光砸缸的故事吧！那位从小就很机敏的司马光，长大后也很了不起，成为宋代的一位大学者。他很有学问，中国历史上第一部编年体通史《资治通鉴》就是他主编的。

司马光之所以能够成为一个大学者，一方面是因为他关注现实、勤于思考，另一方面是因为他对书籍特别喜爱，读的书非常多，有学识，有眼光，有见解。他的书房里收藏了上万卷书，他非常珍惜，虽然经常翻阅，但书却一直像新的一样。他曾对自己的孩子说："商人爱藏货贝，我们读书人就应该只爱藏书。"

司马光提到的"货贝"，指的就是钱币。你也许会奇怪，钱币为什么会被称作货贝呢？快来了解一下！

钱币的老祖宗

在远古时代，钱币还没出现的时候，人们需要用自己的某种东西去换别人的某种东西。比如，需要陶罐的人可以用自己的石刀或石斧和别人交换，有马的人可以用马换别人一定数量的羊。这样用一种物品换另一种物品的情况持续了很长时间。到了西周时期，还曾有过用一匹马加一束丝换取五个奴隶的现象。奴隶就是为主人劳动、侍候主人的人，地位非常低贱，因而五个奴隶才抵得上一匹马加一束丝。这些反映了古代人们进行物物交换（那时候，奴隶也被主人当成了物品）的情况。

不过，物物交换很不方便。比如一头牛是换三只羊、四只羊还是换五只羊呢？牛和羊有大有小，很难确定统一的交换标准。有没有更好的办法，让人可以不带大量的物品，就能方便地和别人进行交易

呢？

人们在长期的交易活动中发现，海贝既稀少，又轻便，大家都对它很珍惜，于是常用它来作为物品交换的中介。海贝渐渐被大家当作可以换任何商品的特殊物品，实际上也就成了中国最早的货币。

正是因为海贝曾经被人们当作重要的货币，汉字中带"贝"字旁的字，便往往包含了与财富、借贷、赏赠相关的意思。如"购买"的"购"，"贩卖"的"贩"，"贸易"的"贸"，"花费"的"费"，"赎回"的"赎"，"货币"的"货"，"钱财"的"财"，"账目"的"账"，"资产"的"资"，"贪污"的"贪"，"赋税"的"赋"，还有"赔"与"赚"，以及"贮""贷""赌""赃""贿""赂""赏""赐""赠"……

贝币

有一个成语叫"债台高筑"，意思是说欠别人的钱太多了，都没办法还账了。它来源于周赧(nǎn)王借钱还不起的

典故。原来战国时各个诸侯国越来越强盛,周王虽然名义上是号令天下的天子,实际上却越来越没有足够的权威了。他不仅收不到多少来自诸侯国的贡赋,而且直接管辖的地域总是被诸侯侵占。秦国更是对周赧王毫不尊重,周赧王实在不能容忍,就打算去讨伐秦国。由于经济困难,周赧王就向豪门富户借债,充作军费。对秦国的讨伐没有取得什么效果,周赧王却为这事欠了一屁股的债。此后,那些作为债主的富户三天两头派人来向周赧王要债,周赧王还不了账,被催得没办法,就逃到

一座高台上不下来，也不让催债的人上去。从此，那座台就被称作"逃债台"。这则故事中，除了借钱这件事与钱币有关之外，欠债的"债"字，也与钱币有关联，因为这个字有"贝"字旁。

现代有的字，明明也带有"贝"字旁，但意思却好像跟金钱没关系。实际上，如果我们了解一下古代钱币的使用过程，就会发现这个字原先与钱币还是有某种关系的。

比如"贯"字，我们现在看到它，一般都会联想到贯穿、贯通等意思，而不会想起它有和金钱相关的含义，但它的一个偏旁却是"贝"，这是为什么呢？我们通过一个故事来了解一下。

传统戏曲作品《十五贯》中，有一个叫尤葫芦的人做买卖缺钱，从外头借来十五贯钱。他跟女儿开玩笑，谎称这是女儿的卖身钱，女儿伤心之下就离家出走了。而这天晚上，尤葫芦在家被入室行窃的赌徒娄阿鼠杀了，那十五贯钱还被娄阿鼠盗走了。出走的女儿在路上碰到一个过路商人的伙计，伙计身上恰巧带有十五贯钱。官府便认为是尤葫芦的女儿和这个伙计合谋杀了尤葫芦，并偷了十五贯钱，为

此判他二人死罪。后经监斩官况钟缜密侦查,设计引娄阿鼠上钩,才使案情真相大白。

　　你一定注意到了戏中的关键物证——"十五贯钱"。古代铜钱中间有一个孔,用绳从孔中间穿过去,一千枚铜钱穿成一串,就是"一贯"。所以,古代评价一个人有钱,常说

这个人"腰缠万贯",这种说法到现在还在用。不过,十五贯钱就是一万五千枚铜钱,岂不是要背个老大老大的口袋才能装下?

其实不然。元代和明代已经流行用"贯"标示币值的纸币,一张标着"一贯"的纸币,就等同于一千枚铜钱。十五贯也可以是十五张币值为"一贯"的纸币。当然,戏中没有用纸币,还是用铜钱道具表示十五贯,只不过是一种示意罢了。

贝壳作为货币流通了很长时间,古人称它为货贝或贝币。在安阳殷墟妇好墓中,曾出土了六千余枚货贝,这就是当时的人把贝壳当成财富的明证。在商周时期的甲骨卜辞与青铜器铭文中,常常可以看到有关赐予、进贡、获取贝币的记录,包括"锡贝"(赏赐贝币。锡,通"赐")、"得贝"(获得贝币)、"丧贝"(失去贝币)、

商代关于赐贝的青铜器铭文

"献贝"（进贡贝币）等。当时用"朋"作为贝币计量单位。在甲骨文和金文中，"朋"字的写法就像系在一起的两串贝壳。一般把五个贝币穿成一串，两串分挂左右为一朋。也就是说，一朋约是十个贝币。

后来，贝币的使用数量越来越大，使用范围越来越广。西周中期以后，周王赐予臣子，或臣子之间相赠数十朋乃至上百朋的情况很常见。《诗经》描写有人见到仪表堂堂的君子，兴奋地吟唱："见到了君子，赐我贝百朋。"（原文为"既见君子，锡我百朋"）这也反映了当时贝币受到人们热捧的情形。

作为货币的海贝，主要是带有槽齿的齿贝。海贝产于沿海地区，随着内陆地区的商业发展，它在数量上已经不够交易使用了，于是人们又开始仿照海贝形状，造出其他质地的货贝，包括骨贝、石贝、玉贝、蚌贝等，尤其是后来还出现了铜贝，铜贝是人类历史上最早的用铜铸造的金属货币。过去西方人称是公元前七世纪的吕底亚人发明了金属铸币，而现在他们也承认，比起中国人在商代晚期铸造的铜贝，吕底亚人的铸币晚了好几个世纪呢。

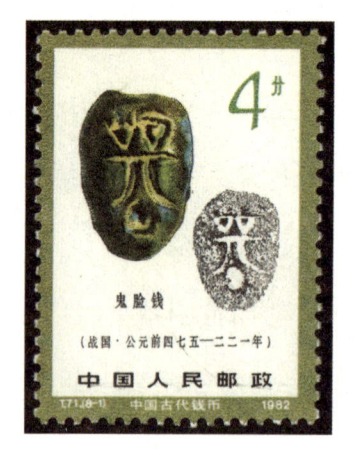

鬼脸钱邮票

铜贝后来成为贝币的主流。战国时期的楚国通行一种近似椭圆形的小铜钱，它的外形像贝壳。有人说它看上去像一张鬼脸，人们就给它起名为"鬼脸钱"；还有的人说这种钱像一只蚂蚁趴在鼻头上，因此也称它为"蚁鼻钱"。

讲了这么多，大家已经明白了古代的贝就相当于钱，被人当成宝。当再被爸爸妈妈称作"宝贝"时，你该知道这个称呼的来历了吧？"宝贝"的原始意思就是像金钱一样有用、像珍宝一样贵重的贝壳。

知识充电站

青蚨：古书中记载的一种形状像蝉或蝶的虫子。传说青蚨与孩子分离后还会重新聚到一起，于是有人将青蚨母子的血涂在不同的钱上，将涂母血的钱保管好，则涂子血的钱被花出去后，又会自动飞回来，留子钱花母钱也是一样。后来"青蚨"就成了钱的别称。

泉府：周代官名，负责收购滞销物资及放贷收息等工作。泉水流动不息，就被用来比喻货币流通。后世称"钱"为"泉"（如"货泉""布泉""大泉"等），原因就在于此。

生产工具与钱币

唐朝末年,战乱不断。盘踞在扬州一带的杨行密手下有一员大将田颓,田颓战功赫赫,拥有的兵力也越来越强,便开始不听从杨行密的号令。有一次,田颓给杨行密写了一封信,信中说:"王侯镇守一方,是为天子而镇守。阁下镇

守的扬州是东南最大的城市，刀布金玉堆积如山丘，应当经常向天子朝贡！"一心想自己称王的杨行密看完非常恼怒，不但不听从，后来还把田頵杀掉了。

上面故事中提到的"刀布金玉"，指的是金钱和财宝，其中金钱用"刀布"一词来表示，这在古代是很常见的。比如古籍《管子》中就说，珠玉是上等货币，黄金为中等货币，刀布为下等货币。

齐之法化刀币

刀布是怎么与货币挂上钩的呢？

原来，中国早期的钱币，往往与人们日常生活中的事物相关。周代出现的青铜布币、刀币和圜钱，货币形态正是由生产工具或其他日常用具演变而来的。布币形状像铲子，刀币是小刀形的，圜钱则像纺轮或玉璧。

布币主要流行于西周至战国时期的陕西、山西、河南、河北和山东等地。布币上大都铸有文字。至于为什么称布币，主要有两种说法。

一种说法认为，这种钱币的样式是由青铜工具——"钱"和"镈"演变而来的。钱最初是一种铲形农具，镈则类似现在的锄头，它们的刃部形状相近。周代君主有时会对农官下令，让百姓储备好铲子、锄头之类的农具，准备下地劳动，古书上就把这些农具称作"钱镈"。最初人们进行交易时，往往将最常使用的物品作为一般等价物。我们可以想象这样一个情景：那时的铲子是生活中最常见的物品，人们就把它当"钱"使用。一个农民想用自己的一只羊到市场上去换一箩筐稻米，他先将羊换成了六把铲子，再将其中的四把铲子换成了稻米。由于农用铲子既大且重，携带不便，后来人们就仿照铲子刃部的形状，做成一种较为轻便的青铜钱币。因这种钱币的式样取材于"钱镈"，而"镈"与"布"在古时候读音相近，慢慢地，人们就把铲形的铜钱称为"布"了。

另一种说法认为，当初人们进行贸易时，往往将麻布

作为交换媒介,用它来换取其他东西。比如你想要一箩筐稻米,可以拿两匹麻布去换;你有一只羊,就可以用羊换回三匹麻布。麻布成为用于交易的一般等价物。后来产生了青铜铲形钱币,出于习惯,人们就直接把"布"作为这种铜钱的名称了。

《诗经》中有一首流行于卫国的叙事诗,诗的题目是《氓》,诗中讲了一个女子的悲伤故事。春秋时,卫国的淇水

边有一位美丽的姑娘，一个小伙子非常喜欢她。小伙子抱着布，借口说前来买丝线，其实是为了求婚。女子也爱上了这个小伙子，离别时把他送过淇水，一直送到一个叫顿丘的地方，还告诉他，到秋天时一定要来迎娶她。此后女子望眼欲穿地等待着，盼望着，最后总算盼到了小伙子来娶自己。然而结婚多年，女子并没有得到想象中的幸福，小伙子好像变了一个人似的，对女子毫不体贴珍惜。女子最终失望地回了娘家。

这是一个伤感的故事。而诗中的"抱布贸丝"一句，正反映了布币的使用情形。"贸"就是买的意思，抱着"布"来买丝，这个"布"，可以认为是青铜布币。不过，也有人认为这个"布"就是布匹，用布匹交换丝，也讲得通。不管怎么说，"布"是可以起到商品买卖中"钱"的作用的。

与布币类似，刀币、圜钱等钱币也来源于日常用具。春秋战国时期的齐、燕、赵等国（今山东、河北一带）流行刀币，它是由一种小型铜刀（正式名称为"铜削"）发展而来的。圜钱，即圆形的钱币，它主要流行于秦国（今陕西、甘肃一带）。圜钱的中间有一圆孔，便于拴绳携带。据专家推测，这种圆形带孔钱，可能借鉴了古代纺轮的形状。当然，也有人认为圜钱与古代的玉璧造型相似。玉璧是一种珍贵的礼器，也是人们的日常生活用品。后世流行时间最久的圆形方孔钱，与这种圜钱有着很深的渊源。

上面所说的各种类型的铜钱在秦代统一货币后，就被废掉了，但它们对后世的影响依然很大。汉代王莽时，还铸过刀币、布币，而历朝历代也常常用"刀布"代指钱币。

知识充电站

空首布：金属布币的早期形式。早期金属布币还保留着"钱镈"等农具刃部的形状，其上首的部分中空，可以将铲把插在上面，所以叫"空首布"。

齐法化：战国时齐国的一种刀币。刀币流行于齐、燕、赵三国，齐国刀币以厚大精美而著称，上面往往带有冠以地名的"法化"（意为标准货币）铭文，属于较大型的刀币。其中有代表性的包括"齐法化""齐之法化""安阳之法化"等。

春秋战国时期"安周"平肩空首布

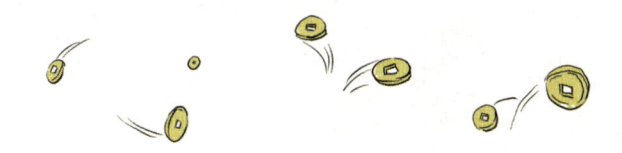

从"千金买骨"说说黄金

"千金",常常用来表示很珍贵的东西,比如在古代,人们常常把富贵人家的未婚女孩称为"千金小姐"。什么叫"千金"呢?原来,古时候人们经常把一斤黄金叫一金,千金就是一千斤黄金了。当然,古人用"千金"这个词,常常只是形容某件事物价值很高,而未必真的确切地指一千斤黄金。然而,即使这样,"千金"仍然象征着一笔巨大的财富,直到现在,我们还常常用"价值千金"来形容一件物品贵重。

历史上,围绕"千金"有过许多有趣的故事,"千金买

骨"就是其中的一个。

　　故事发生在战国时期。当时燕国的国君燕昭王为使国家强盛，很想从各地招揽人才。有个叫郭隗的人给他讲了一则寓言，说古代有个国君，想用千金求购千里马，但三年过去还没买到。宫中有个内臣说他可以买到，国君就委派他去买。三个月后，千里马找到了，可是马已经死了，他就用五百金把那匹死马的头买下，回来向国君报告。这时马头都成了骨头，国君非常恼怒，说："我要找的是最能奔跑的活马，你买死马有什么用？还白白花了五百金。"内臣却回答说："对死马都肯花五百金买下，更何况活马呢？天下人由此可以看出大王的决心，千里马很快就能买到。"果然，用五百金买死马的事情传到各地，反响很大，不到一年，各地就纷纷送来了千里马。

　　郭隗借这则寓言告诉燕昭王："如果真想招揽人才，就先从我开始，先重用我吧。像我这种水平不算高的人都能被重用，比我更有才干的人肯定会竞相到来！"于是，燕昭王就尊郭隗为师，为他修建了豪华的房子。这件事让天下能人都知道了去燕国可以受到重用、获得很高的礼遇。因

此,没过多久,名将乐毅就从魏国来了,大学问家邹衍从齐国来了,富于谋略的剧辛从赵国来了……有才干的人争先恐后地来到燕国,为燕国的强盛做出了重要贡献。后来,这个故事就成了招才纳贤的典故,深为后人所推崇。据记载,燕昭王还派人在易水畔建了用来招贤的黄金台(今

河北省定兴县境内），这让后世许多诗人有了追思怀古的地方。唐代李贺《雁门太守行》就这样赞叹："报君黄金台上意，提携玉龙为君死。"元代吴师道《黄金台》一诗中也称颂道："昭王锐志移青社，筑土悬金奉贤者。"

在这个故事中，我们更关注的是黄金的货币作用。故事中提到了千金、五百金，表明了黄金曾经被当作购买物品的货币，也就相当于通常所说的钱币。

商周时期，黄金的应用很普遍，不仅在商品交易时被使用，在朝贡、赏赐、处罚、赎罪、偿债等需要支付高额金钱的时候，黄金都被广泛使用，因为它的价值远比铜钱高，更便于进行贵重物品的买卖。《韩非子·说林下》讲了一个故事，宋国有一个富商，在市场上看中了一块未经打磨的玉石，卖主标价是一百金。可是另外一个人也看上了这块玉石，两个人都想买，相持不下。富商知道这块玉石有很高的升值潜力，他必须买下来。于是他故意将玉石掉在了地上，另一个买主一看玉石被损坏了一些，就不想买了。卖主一看可不干了，要求富商必须按原价买下玉石。富商假装很不情愿地拿出了一百金给卖家，将玉石拿走了。他随后就

请了手艺高超的工匠,对玉石进行细致的打磨和雕琢,不仅将破损处做了修饰,而且对造型进行了深加工,使它成为一件非常精美的玉器。富商将这件玉器转手卖出时,获得了一千镒黄金的回报。在当时,一镒大约是二十两(也有说是二十四两的),也就是说,他花一百金买入的玉石,变成玉器后卖价超过了千斤黄金。这是多么巨大的一笔交易

呀，如果用价值较低的铜钱购买，而不是用黄金购买，显然就很不方便了。

从考古发现的情况看，战国时的楚国多使用黄金作为货币。楚国黄金有版状和圆饼状两种。金版和金饼上多数钤有印记，上面通常有以地名为主的文字。如"郢爰"，就是楚国都城"郢"铸造的金币，"爰"为黄金的计量单位，这种爰金价值较高，适合大额交易。

不过，秦代以后，黄金更多地成为财富的象征，较少进入流通领域了。黄金常用于上层社会的赏赐和贵重物品的交换，由此影响了它作为货币的流通功能。比如楚汉战争时，刘邦就曾发布命令：谁能砍下项羽的头颅，就赏给"千金"。以至于项羽战败自杀后，一大帮刘邦的将士挥刀争抢项羽的脑袋，抢不到的人，就把项羽的身体砍成了好多块，一人拿一块去领赏。这样的赏金，就不是通过市场交易得到的。汉代以后，黄金作为流通货币的情况越来越少，直到唐代以后金铤出现，黄金才以另一种形式在市场上流通起来。

黄金作为历史上非常重要的货币，也在文化上留下了

很深的印记。许多含有"千金"的成语,就与黄金的珍贵有关系。比如"一诺千金",说的是秦末季布讲诚信,对任何事情,他都是说到做到。季布家乡的人们就流传着这样一句话:"得到黄金百斤,不如得到季布的一个承诺。"这是说,比起百斤黄金,人们更看重季布的诺言。后来,人们就借用这个典故形容一个人守信用,说话算数。还有成语"一字千金",讲的是秦国

丞相吕不韦的故事。他很有权势，为了显示自己能够礼贤下士，他召集了三千门客，组织他们编写了一部《吕氏春秋》，然后在都城咸阳的市场门边展示这部书，并声称这部书太完美了，如果还有谁能对此书进行修改，哪怕增减一个字，都可以赏给千金。因为吕不韦地位高，权力大，谁都不敢惹他，当然没人敢给他组织编写的书挑毛病，所以最终也没有人能够得到那笔赏金。这个典故说明了吕不韦的权势很大，后来形成了"一字千金"这个成语，表示书或文章的每个字都很有分量。

知识充电站

爰金：战国时期楚国的金币。爰金多铸成长方版状，每版为当时的一斤，上面通常压印有十几个带"郢爰"或"陈爰"等字样的小方戳。做买卖时，如交易额较小，须将爰金切成小块，称重支付。

战国楚"郢爰"金版

第2章

流通时间最久的铸币

春秋战国时代，货币的制造和使用缺乏统一的标准。各种货币造型不一样，大小重量不一致，相互的比价不统一。再加上除了铜铸币外，黄金、布匹都可以作为一般等价物，可见那时的货币体系非常混乱。秦王朝建立之后，圆形方孔的半两钱成为全国统一使用的货币。汉武帝时期，开始铸造五铢钱，这种钱币一直用了七百多年。半两钱和五铢钱都是以重量命名的钱币。到了唐高祖时，铸造了"开元通宝"，从此"通宝"这个名称一直沿用到清代末年。铸币是我国历史上流通时间最久的货币。

货币大统一

秦王嬴政在统一六国的过程中，曾遭遇过一次危险的刺杀事件。那时强大的秦军一路凯歌，远在北方的燕国害怕被秦军攻占，燕太子丹就请刺客荆轲去刺杀秦王。为了使刺杀行动万无一失，太子丹到处搜寻最锋利的匕首，最后花一百金从赵国铸剑大师徐夫人手中买到了最好的匕首。荆轲把匕首藏在要献给秦王的地图中，他说地图非常重要，必须当着秦王的面才能打开看，因而守卫秦宫的军士没有检查那卷地图。荆轲来到秦王宫中，在秦王面前将卷着的地图慢慢打开，当图全部展开时，最里面藏着的匕

首就出现了。秦王看见后大吃一惊,荆轲一手揪住秦王的衣袖,一手拿起匕首就刺。秦王起身躲避,混乱之中没被刺中。这时荆轲反而被一个宫廷医生用药囊砸中,随后被杀,刺杀行动失败。这就是成语"图穷匕见"的由来。

  我们所关注的是故事中的匕首。它是燕国人花一百金从赵国买来的。燕国人为什么不用他们自己国家的铜钱"明刀币"购买呢?原来,当时各国都有自己的货币,即使当时赵国也用刀币,所用的刀币与燕国的刀币也是有区别的。铜钱不能跨国流通,不同国家的人要进行商品交易,就只能用当时各国都认可的黄金或布帛来进行买卖,无法使用铜钱。这就是在诸侯割据的春秋战国时代商品贸易受到阻碍的一个原

因。

那时,货币的制造和使用缺乏统一的标准。各种货币造型不一样,大小重量不一致,相互的比价不统一,而且除了铜铸币外,黄金、布匹都可以作为一般等价物,可见那时的货币体系非常混乱。

如果有个齐国的商人想把自己的东西卖给楚国人,或者想从楚国买回自己想要的东西,都是很不方便的。因为他把货物卖给楚国人,拿到的是楚国的蚁鼻钱,而这种钱没法带回齐国去使用,他就不得不把这些钱在楚国花掉。同样,如果他带着齐国的刀币,来买楚人的东西,楚人也不愿接收,因为刀币在楚国不能流通。

正因为如此,各国的铜钱必须折合成黄金或布帛,才方便拿到别国去做买卖。那时只有黄金和布帛在各国都可以流通。为此,各国就要确定铜钱与黄金、布帛的比价。比如,秦国就规定,十一个秦国铜钱等于一块长八尺、宽二尺五寸(按照秦尺计算)的标准秦布。

国家的发展离不开铜钱,老百姓的日常生活也离不开铜钱。铜钱在各国间流通不便,引发了人们对于货币统一

的期盼。公元前221年，秦王统一了六国。在这以前，齐国、燕国流行不同的刀币，韩国、赵国、魏国流行好多种布币，楚国流行蚁鼻钱和金币，秦国流行圜钱。韩、赵、魏、齐、燕、楚六个国家都被秦国灭掉之后，它们各自的货币当然也就不能再流通了。

要统一货币，该以哪种货币为依据呢？秦国原来使用的是圜钱，秦王当然愿意将圆形的圜钱作为统一的货币的

原型了。而且，圆形钱也有它的优势：可以用绳索、木棍穿过它中间的孔，将零散的钱穿起来后，携带、计数和贮藏都更方便；圆形钱铸造起来在形状的规整和大小、轻重方面，也更容易掌控；而刀形、铲形、贝形的钱币，使用起来都不如圆形钱便利。直到今天，世界各个国家的硬币都是圆形的，这也证明了圆形铸币更加实用。

秦代法定的铜钱，是秦半两钱。这种铸有重量单位"半两"铭文的铜钱早在战国时代的秦国就已出现，当时做工相对粗糙，文字近似大篆。据说，嬴政统一天下后，改良了半两钱，并命丞相李斯手书了小篆的"半两"二字。秦代的半两钱形状同战国时的半两钱差不多，都将传统圜钱中间的圆孔改成了方孔，而方孔圆钱的出现，具有划时代的历史意义，因为这以后的两千多年，铜钱基本上保持了这个样式。圆形方孔的半两钱严格规定了钱币的造型与重量，为当时货币形制的统一提供了标准。

为了保证铜钱的铸造质量，更为了贯彻国家的货币制度，秦朝规定了铜钱必须由官府铸造，私人铸造要受到法律严惩。湖北云梦出土的秦简《封诊式》中记载了这样一个

案子,有一个地方的两个男子为了牟利,偷偷铸造了半两钱。他们鬼鬼祟祟的行为引起了两位巡查人员的怀疑。经搜查,在他们家里搜出了新造好的半两钱一百一十枚,还有两个铸钱模具。原来这两个人分工合作,由一个人制造模具,另一个人使用模具私自造钱。巡查人员便将他们捆绑起来,和那些赃物一起押送到官府。这个案子说明了秦王朝对于维护半两钱的权威性做了很大的努力。

我们现在的人民币用元、角、分来计量,秦朝的铜钱是怎样计量的呢?

刚才已经说过,秦代法定的铜钱是半两钱,这说明秦代主要是以"两"这个重量单位来表现铜钱的价值的。而战

国时秦国的铜钱除了有带"半两"铭文的外,也有带"两甾"铭文的。"甾"后来在史书中被写成了"锱"。"两""锱"都是钱币的计量单位,再加上更小的单位"铢",它们都与钱币的重量有关系。在当时的秦国,一两等于四锱,一锱等于六铢,半两实际就是两锱,合十二铢。

钱币的这几个计量单位,对后世的影响非常深远。人们常说的一个成语"锱铢必较",就是从秦汉时期的钱币计量单位中引申出来的。锱、铢,泛指钱的重量很小的计量单位,这就跟我们现在说"一分一厘"或"一分一毫"是一样的。一个人如果对那么少的钱都很看重的话,那么这个人估计是既贪婪又吝啬。这个成语就是用来形容那些在钱上算计得太细的人,并且由此还被引申用来形容那些心胸狭窄,对什么事都过分计较的人。

明代小说《二刻拍案惊奇》中,就讲了一个锱铢必较的土财主的故事。这是个只要涉及钱财,即使对亲戚也会毫不留情的贪心的人。他时常靠放高利贷来获取高额利息。他同族叔父从他那儿借了二两银子,利息还了四五年,利息数都已超过了所借银子的两倍。叔父觉得都是自家人,

希望他以后就别再计利息了,可土财主不干。在一次家族聚会上,俩人为此发生口角。争吵急了,叔父自认为是长辈,就说:"你这样气势汹汹的,难道还想动手打我吗?"没想到土财主竟喊道:"打便打了,只不过是债主打了欠债的!"欠债还钱,道理是不错的。但眼里只有钱,一切亲情、友情都不管不顾,这与中国传统的道德观念是相违背的。因此,人们会用"锱铢必较"来形容这样见利忘义、斤斤计较的人。可见小小钱币中,其实也蕴含着道德观念。

秦代统一的钱币不只是在文化上对后代有影响,更重要的是在币制的发展上,尤其是对汉代开始流行的五铢钱产生了引领示范的作用。

秦半两钱

"长寿"的五铢钱

秦朝的半两钱成为全国统一使用的货币,虽然解决了以前货币种类繁多带来的不便,但是,半两钱在市场交易中也存在一些问题。半两钱自身重十二铢,这是一种偏大偏重的钱,面值略大了些。我们可以设想一下,如果现在使用的人民币只有十元、二十元、五十元和一百元面值的钱,而没有五元、一元、五角、一角之类的钱,我们买东西是不是很不方便?因此,重十二铢的半两钱,到汉代初期就开始发生了变化。汉初的半两钱往往没有十二铢重,而只有八铢,后来又变为四铢,越铸越轻,而钱上的铭文没变,仍是

"半两"。钱的实际重量减轻了,官府就可以用更少的铜造出更多的钱。但这样的钱的价值当然就比原来的半两钱要低了,必然会引起钱币市场的混乱。

更糟糕的是,汉初还一度取消了私人不能铸造钱币的禁令,这给国家带来了更大的隐患。汉文帝时,吴国就成为全国私造钱币最多的诸侯国。吴王刘濞不仅铸钱,还生产老百姓生活必不可少的盐和各种铁器。别的诸侯国也是如此。钱、盐、铁等的生产制造是对国家的发展、人民的生活有着巨大影响的行业,都应该归于中央政府控制,而现在却被各诸侯国垄断,由此导致中央财政收入的急剧减少。到汉景帝时,情况越来越严重。有个叫晁错的大臣就向景帝出主意,让他缩减诸侯国的封地,收缩他们的属郡,历史上把这些措施称作"削藩"。

吴王哪能容忍中央出台这样的政策啊!因为封地广

阔，又有矿产资源，他铸造的钱流通于各地，盐、铁的生产规模也非常庞大，这些都让他赚取了无数钱财，史书上说他的富裕程度足可与皇帝比高低。因为富有，他就能大量招兵买马，铸造兵器，从而拥有一支很有战斗力的军队。皇帝"削藩"侵害了各个诸侯国的利益，所以吴王联合了楚王等其他六个诸侯王，发动了"吴楚七国之乱"，打着清除皇帝身边奸臣的旗号，发兵与中央对抗。这是关系到一个王朝存亡的大事，汉景帝为此派出了大批军队，任用了最擅长打仗的将军，经过几个月的征战，才把叛乱平定下来，杀了刘濞等叛乱的诸侯王。私铸钱币居然引发了这样大的乱子，可见对钱币铸造的管控绝不是一件小事。

三铢钱

汉武帝继位后，充分吸取了这些教训，采取了强有力的措施，掠取地方上诸侯和豪强的钱财。他下令不再使用半两钱，另铸一种三铢钱，也就是将钱上的铭文改

成"三铢"。这种钱的重量也为三铢,改变了之前一段时间内半两钱与实际钱重不相符的情况。

然而,三铢钱又太轻,形制也与原来的半两钱基本相同,仍容易被盗铸。公元前118年,汉武帝决定全国统一铸造五铢钱,铭文为"五铢",钱重也是五铢,使钱更加规范。这种钱增加了凸起的边轮(称"周郭"),使钱上的铭文不易被磨损,也使盗铸的人不便于将钱剪小去熔铜私铸。后来由于各地铸钱水平参差不齐,汉武帝便规定只能由掌管上林苑的水衡都尉属下的钟官、辨铜、均输(一说为"技巧")三个部门铸造,不再允许各郡国私自铸钱。

在内蒙古自治区额济纳旗和甘肃省金塔县一带(古代称"居延"),曾出土过汉代的简牍,里面有一些是当时的官府文书,其中提到了一件事,说河南有两个人,名叫牛延寿、高建,因为私铸钱币,受到官府通缉。但他们逃到哪儿去了,官府并不清楚,于是就把通缉令发到了全国各地。因为迟迟没有抓到罪犯,所以连居延这样一个边塞地区都收到了通缉令。最后是不是抓住了罪犯,我们不清楚,不过由这件事就可以知道当时对于私铸钱币的查禁是多么严厉。

五铢钱被统一铸造，质量较高，制作也规范，不易被盗铸，从某种意义上说，这相当于又一次的全国货币统一。正因为这一铸币制度的合理性，五铢钱此后得以代代相传达七百多年。直至唐武德四年(621)"通宝"钱出现，才结束了五铢钱的历史。在圆形方孔钱的发展史上，五铢钱是沿用时间最久的铜钱。

当然，五铢钱在其发展历程中，也几度遭到废除。西汉末年，王莽篡夺皇位。他先后推行刀币、布币，以及一钱当数十钱的圆钱，破坏了五铢钱的流通。直至王莽被杀后，五铢钱才逐渐得以恢复。东汉末年，董卓试图篡夺皇权，他废掉五铢钱，另造小钱流通，一度造成市场混乱。所幸董卓横行不久就被人杀掉了，被他废掉的五铢钱又得以重回市场。这都说明，五铢钱已经成为一个统一王朝盛衰兴亡的象征物。当朝代强盛时，五铢钱的流通就有保障，也有较强的信用；当王朝衰弱时，五铢钱也会随之受到冲击，钱币制度遭

五铢钱

到破坏。

关羽是三国时蜀汉的名将,他奉命镇守战略要地荆州。因为他骄傲自大,不注意防备,被东吴将军吕蒙偷袭,后被擒获斩首,荆州也被吕蒙占领了。对东吴来说,吕蒙立了大功,那么吴主孙权为此给了他多少奖励呢?赏钱多达一亿!这不免让我们惊讶,一亿个铜钱,那得是多么巨大的一笔财富呀!

不过,我们如果了解了五铢钱在当时发生的变化,那么就会知道,这个钱数并不值得大惊小怪。原来,随着社会动荡的加剧,以前的五铢钱也不断被减轻重量、降低价值。东吴就铸

造了一种被称作"大泉"的钱,这种钱的面值分为五百、一千、二千、五千。以"大泉五千"为例,官方规定这样的一枚钱可以等同于原来的五千枚五铢钱。可见五铢钱在东吴已经贬值得非常厉害了。上面说的赏一亿钱,可能就是指一亿贬值了的五铢钱,用"大泉五千"这样的一比五千的钱来推算,也许,吕蒙得到的赏钱一亿,就是两万枚"大泉五千"。

这就是五铢钱在国家分裂的时代所遭遇的冲击。而三国以后的几百年,中国基本上都处在分裂的状态中。五铢钱的铸造,也随着一个个小王朝的兴衰起落而时好时坏。看看南朝两个与巨额钱财相关的故事:

有个叫戴硕子的人养了三个儿子,都很优秀。当时会稽山阴(今浙江绍兴)有个富人叫陈戴,家里钱财超过三千万。有人说了这样一句有意思的话:"戴硕子三个儿子,抵得上陈戴三千万钱!"用钱财来衬托所培养的儿子杰出,反映了对人才的推崇,同时也说明当时超过千万钱就是一笔

巨额财富了。

　　还有一个叫宋季雅的人，他原本在南康（今江西赣州）为官，后来被罢免，于是就把家搬到了重臣吕僧珍家的旁边。吕僧珍有一次见到他，就问他买房子花了多少钱。宋季雅说花了一千一百万，吕僧珍很惊讶，说太贵了。而宋季雅却说："这所宅子本身只值一百万，而要和吕僧珍这样的人做邻居，就得再增加一千万！"这话无疑是为了让吕僧珍高

兴而说的。但提到一千多万钱,可知当时的五铢钱跟以前相比是贬值了的,因为生活中的花费有时已不是一万两万,而到了百万千万了。

上面两则故事都涉及千万以上的钱。文献记载,南朝有一个时期,十万钱还不到两手一捧那么多,买一斗米就要一万钱,这也表明五铢钱在那时已经变得非常轻薄了。其原因就是官府与私人都在大量造钱,而钱造得轻薄了就可以增加钱的数量,这也就使得这样的薄钱小钱,远不如以前重量有保障、质量也好的五铢钱那么值钱了。质量极差的钱中,有一种叫"鹅眼钱"的,非常轻薄细小,小到类似于鹅眼。将一千枚这样的钱穿在一起,长度还不到当时的三寸,按照现在的长度单位,还不足八厘米呢。

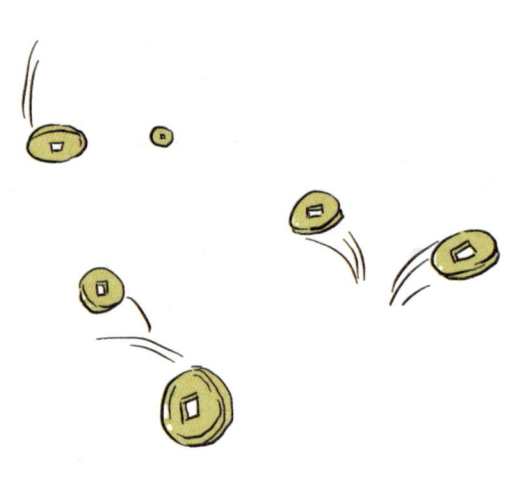

尽管五铢钱的铸造标准不断降低,但它的形态基本上保持了下来,还出现了年号加"五铢"的铭文,如北魏的"太和五铢""永安五铢"等,这为以后年号钱的流行做了铺垫。

在私铸铜钱导致钱币混乱时,民间总是更信任以前质量较好的五铢钱,用前朝的钱进行交易。有时候,朝廷也会禁止使用市场上的各种铜钱,另铸一种更规范的五铢钱。北魏孝文帝时铸造"太和五铢",要求必须用不含杂质的上等铜精炼铸造,这也是为统一铜钱所做出的努力,却因允许民间私铸而最终未能保证质量。隋文帝时,官方铸了"开皇五铢",其铭文规整,边轮较宽,钱背内孔也带凸轮,是质量很高的五铢钱。隋文帝还下令禁用所有古钱和私钱,从而再度统一了全国货币。

五铢钱从汉代到隋代一直存在,却又一直处于好钱使用不久恶钱便泛滥成灾的恶性循环中。当官钱减重、私钱滥铸的时候,铜钱就大大贬值。当贬值达到一定程度时,官府又不得不开始铸新的铜钱。五铢钱就是在这样的起起落落中走过了七百多年的历程,从而也成为中国历史上最"长寿"的钱币。

知识充电站

剪边钱、綖环钱：为了从现有的铜钱上面获取铜屑用于另铸钱，有人会将五铢钱的外边剪去，俗称"剪边钱"；或将五铢钱的方孔剪成个圆圈，俗称"綖环钱"。这样的既小又轻的钱，必然会大大贬值。这类钱自西汉至南北朝曾多次出现。

綖环钱

钱币与皇权

隋唐以后的官员选拔，一般是通过科举考试进行的。通常考的是对儒家经典的理解，或者是对朝廷政治的思考，注重考查考生的思想品德和治国抱负。不过，历史上也有例外。北宋末年，就曾有过考查学生绘画水平的考试。这是因为当时的皇帝宋徽宗就是一位水平很高的书画艺术家。在中国古代，具备高超艺术造诣的皇帝是十分少见的。那时的艺术考试一般是用一句诗作为考题，考生根据诗的意思去构思自己的绘画作品。传说，有一年的考题是"山中藏古寺"，许多考生努力画出一座寺庙矗立在山峦中的画

面,然而考取第一名的考生的作品中并没有画庙宇,只有一个和尚在大山中的小溪边挑水。用一个挑水的和尚,暗示山中有一座寺庙,这是一种巧妙的画法,也是宋徽宗特别喜欢的绘画风格。皇帝的喜好,影响了朝廷的选官。

不仅是科举,在朝廷的其他制度和器物中,也能看到宋徽宗的"艺术追求"。比如在国家铸造的通宝钱上,就可以看到徽宗皇帝推广艺术的表现。

什么叫通宝钱?这有必要先说说它的来历。通宝钱与年号钱有密不可分的关系。

五铢钱的使用前后延续了七百多年,到了唐代,唐高祖李渊为显示自己开启了一个新的历史纪元,就在自己称帝的第四年,即公元621年,废止五铢钱,命人铸造了通宝钱,上面铸有铭文"开元通宝"。"开元通宝"钱保留了圆形方孔钱的基本形制,并称钱为"宝"。一般认为,它是全国统一的货币中最早以"通宝"命名的钱币,正式开启了此后沿袭一千多年的"通宝币制"。从此以后,历代铜钱基本上都称"宝",有"通宝""元宝""重宝""圣宝""泉宝"等多种名称。从唐高宗开始,新的皇帝发行新的钱币时,就把钱币上"开元"二字,替换成皇帝的年号。皇帝在钱币上铸刻自己的年号,当然是要强调自己在开启一个新时代,它的象征意义是很大的。钱币的发行,代表着皇帝的权威,除了皇帝外,其他人是没有权力下令铸造钱币的。因此,从唐代到清代,前后近一千三百年的历史中,就一直流行着皇帝的年号加通宝、元宝、重宝等字样的钱币。

　　唐玄宗天宝末年发生的安史之乱,是唐王朝由盛转衰

的重要标志。当叛乱的军队进攻都城长安（今陕西西安）时，玄宗仓皇逃向四川。同样出逃的皇太子李亨，在这样动荡的时候，却在灵武（今宁夏灵武西南）宣布自己当皇帝，而让玄宗做了一个没有权力的太上皇。按照惯例，新皇帝在即位的第二年年初才改年号，而李亨却在宣布即位的当天，就把玄宗的"天宝"年号改成了"至德"年号，这是很不正常的。为了表明自己做皇帝不是非法的，李亨派人到四川向玄宗通报自己已经做了皇帝，只给了玄宗一个虚的"上皇天帝"尊号，逼迫他承认既成事实。李亨仍不安心，觉得会有人质疑他即位的合法性，因而在打败叛军并收复西京长安和东京洛阳后，他回到原来的都城长安，恢复了中央政权的体系，又在第二年年初，改年号为"乾元"，还做了一件重要的事情——铸造"乾元重宝"。这些都是李亨为证明自己称帝具有合法性的举措。

有关钱币与皇权相关的历史故事还有很多，甚至某些叛乱的军阀和一些农民起义的领袖，在取得一定的地盘并建立政权的时候，也要宣布自己的年号并铸造钱币，来证明自己称帝的合法性。如安史之乱中，叛军头目史思明铸

乾元重宝

造了"得壹元宝""顺天元宝";明朝末年的农民起义首领李自成铸造有"永昌通宝",张献忠铸造了"大顺通宝"。这些都表明铸造年号钱币具有特别的意义。

现在,我们再来说说宋徽宗把艺术融入钱币的事情。宋徽宗在治国方面没有什么值得称道的,北宋就是在他和他的儿子钦宗手中灭亡的。他不是一个好皇帝,却是一个了不起的艺术家,在书画艺术上很有造诣。他的瘦金体书法在中国书法史上独树一帜。这种书法字体瘦直挺拔,横画收笔带钩,竖画收笔带点,撇似匕首,捺如切刀,竖钩细长,被人称赞为犹如"屈铁断金"。在崇宁、大观年间铸造的"崇宁通宝"和"大观通宝"铜钱上,就有他亲笔所写的钱名,这使得此类钱币具有了很高的艺术价值。这种由皇帝

亲笔书写名字的钱，叫作"御书钱"。宋代的很多皇帝都写过钱名，但水平最高的还是宋徽宗。

"开元通宝"流行后，人们逐渐习惯把钱与"宝"联系在一起，连后来的银锭也往往被称作元宝，纸币也会被称为宝钞。另外，这样的通宝钱用"文"作为货币单位，与我们现在用元、角、分作为货币单位是一个意思。当时一枚钱为"一文"，但这个"文"字只表示钱的价值，不再像过去的半两钱、五铢钱那样与钱的重量相关了。

后世还因这个"文"而产生了几个成语，例如我们现在对于不值钱的东西，常常说是"一文不值"或"分文不值"。我们应当知道，这些成语，正是因为古代通宝钱用"文"作为计量单位，才与钱有了这样密切的关联。

崇宁通宝　　　　　大观通宝

知识充电站

明嘉靖三十二年(1553)开始采用黄铜铸造"嘉靖通宝",从此传统的青铜铸钱逐渐被取代。这是铜钱铸造史上的重大转折,直至清末均用黄铜铸钱。用黄铜会增加成本,但可以改善钱币的外观,并使其更耐磨损。

用黄铜铸造的嘉靖通宝

读故事
品国粹

第3章

钱币的其他"面孔"

青铜铸币发明之后,中国历史上还曾经出现过其他材质的钱币。汉武帝曾经用白鹿皮制造过"皮币"。西汉末年之后,各地还陆续发行过铁钱。宋代以后,金银货币在流通中占据了越来越重要的位置,元代出现了元宝。北宋开始还出现了纸币。

钱币在中国历史上有着不同的"面孔",快来认识一下吧!

妙用皮币的汉武帝

在西汉众多皇帝中,雄才大略的汉武帝是最为突出的。他强化中央集权,打击地方豪强,发展国家经济,把北方经常侵扰边疆的匈奴驱赶到更遥远的地方……可以说,汉武帝在位期间创下了丰功伟绩。

在钱币史上,汉武帝也有开创性的举措。前面说过的五铢钱,就是在他统治的时候开始推行的。不仅如此,他还通过钱币制度来强化中央集权。

那时,各地的诸侯王和富商因为有钱有势,极大地分割了中央的权力,经济上也不支持中央。正赶上国家又发

生了灾荒,各级政府开支巨大,经费紧张,而各地的诸侯王和大富商们,靠着采铜矿铸钱、煮海水制盐,都发了大财,家里的财产超过万金的人很多。国家财政有困难,那些有钱人却不肯出钱予以帮助。因此,国家考虑应当发行一种新的货币,通过新钱与旧钱的比价差值将富人们的钱强行吸纳到政府手中。

发行的是一种什么样的钱呢?说来这种钱很独特。因为发行这种钱的目的就是套取各地豪强的钱财,所以不必考虑这样的钱在市场上是不是使用方便。汉武帝宣布,用皇家园林中的白鹿之皮,制成一种新的货币。它呈边长一尺(相当于现在的二十三厘米)的方形,四条边绣上五彩花纹,称作"皮币",价值铜钱四十万。这样的大而软的皮币使用起来并不方便,汉武帝也没打算让它在市场上流通,而是规定王侯宗室朝觐时将它作为"荐璧"使用。什么叫"荐璧"?从前人们在进奉贡物时,往往要将进献的贡物放置在精致的盘中。用皮币荐璧就是先将皮币垫在盘中,再将贡物(一般是玉璧)放在皮币上。这就意味着王侯们在不得不参加朝觐时,要比以前多花四十万的钱币。这种手段一下

子让国库充盈起来。谁要是不肯用铜钱换取皮币来向汉武帝进献,汉武帝就可以说他不听皇帝的命令,不敬重皇帝,就可以抄他的家,没收他的财产,收回他的封地。因而王侯们不得不忍气吞声,任由汉武帝"勒索"他们的钱财。

虽然皮币并不在市场上流通,但它是政府强制发行的,具有价值符号的特点,因而仍可将它看成一种独特的

货币。

　　而这种不合理的货币的发行,曾引发过一桩冤案。有一次,汉武帝与朝官颜异在一起时,让颜异谈谈对皮币的看法。颜异是个禀性直爽的人,他直截了当地说:"王侯们在朝觐礼仪中上贡的苍璧才值几千钱,而垫在苍璧下的皮币却被人为定价到四十万,真有些本末倒置的感觉。"汉武帝听了颜异的话很不高兴。不久,有人因其他事告发颜异,案件交给管司法的官员张汤审理。恰好张汤与颜异有矛盾,张汤就有意栽赃陷害。在审讯中,张汤得知颜异有一次与别人聊天儿,别人说国家新颁布的法令带来了种种不便,颜异当时听了撇了撇嘴,没有说什么。张汤据此便罗织了一个"腹诽"的罪名,说颜异身为大臣,发现国家的政策有缺陷,却不向朝廷反映,而是憋在心里,对朝廷的政策心怀不满,这叫在腹中诽谤朝廷。张汤把这一罪名上报给汉武帝,汉武帝大笔一挥,竟然判了颜异死刑。从此以后,"腹诽"就成为一种莫须有的罪名,也导致群臣对汉武帝的任何决策都满口称赞,一个劲儿地奉承,没有人敢说真话,没有人敢提不同意见了。

事实上，这种不合理的皮币最终并没有推行太久，没过几年就停止使用了。而且就在皮币发行的第二年，汉武帝又发行了真正在市场上流通的新钱币——五铢钱。可见，用皮币荐壁不过是汉武帝搜刮豪强钱财的手段而已。聚敛的钱多了，皮币也就终止使用了。此后历代也再没有出现过这样的皮币。

公孙述的铁钱谋略

每当一个王朝衰落的时候,就会冒出大大小小的军事首领,带着自己的队伍争夺地盘。军事力量小的人,就占领小点的地方;军事力量大的人,就努力把别的小军事集团消灭,完成全国的统一。用一个成语来形容,这就叫"逐鹿中原"。比如刘邦与项羽争夺天下时,有个叫蒯通的谋士劝刘邦手下的得力干将韩信自立为王,与刘、项共争天下,韩信没听他的建议。后来刘邦取得了胜利,就把蒯通抓了起来,要杀掉他。蒯通辩解说:"当时秦王朝崩溃了,政权像只走失的鹿,天下的人谁都可以追逐这只鹿,谁的能力强、动

作快,谁就能先得到它。现在您动作快,捕获了这只鹿。您不能因此就把其他参与逐鹿的人都杀了啊!"刘邦一听觉得有道理,就放了他。这就是"逐鹿中原"的来历。这个成语指群雄并起争夺政权。

西汉末年,外戚王莽篡汉,当了皇帝,但没有维持多久便被起义军推翻。王莽政权覆灭后,又出现了大大小小的

势力逐鹿中原的情形。刘秀拥有当时较为强大的军事力量,他一步一步地消灭各个地方的割据势力,对偏远的蜀地(今四川一带)一时无暇顾及。这时,蜀地便有个叫公孙述的人,在成都称帝,建立了一个割据政权,国号"成家"。在一个地方闹独立,必须有强大的经济和军事实力才能存在下去,否则迟早要被刘秀消灭,于是公孙述想方设法发展经济。在货币制度上,他大规模推行铁钱,这对于蜀地的经济发展产生了一定的促进作用。问题是,铁钱比铜钱差,怎么还能促进地方的经济发展呢?

我们知道,中国古代的钱币主要是铜钱。铁钱与铜钱相比,确实是一种劣币。因为铁矿分布更广,开采更容易,铁本身又容易生锈,所以铁钱总是在铜料很缺乏或国家财政亏空时,才被作为辅助钱币使用。根据考古发现,湖南的衡阳、长沙都曾出土过西汉前、中期的铁质半两钱,陕西乾县也出土过铁质五铢钱,这都是现在所知的较早的铁钱实物。后来在公元7年和公元

铁钱

10年,王莽改革钱币制度时,先后铸造的"大泉五十"钱和"大布黄千"钱中,也出现过一定数量的铁钱。可知在西汉,铁钱已经零星出现了。

不过,在一定的地域大规模推行铁钱,却是从公孙述开始的。

公孙述在龙兴六年,也就是东汉光武帝建武六年(30),下令在自己统治的区域内推行铁钱,废止铜钱。铜钱是全国各地通用的,铁钱却只能在蜀地使用。按理来说,铁钱的质地远不如铜钱,在市场上流通很不方便,很多商家不愿用它,对它缺乏信任感。而公孙述却强行在蜀地推行铁钱,他的本意是为了表示与东汉政府决裂,但在客观上保护了蜀地的商品贸易。原来,蜀地的人要购买其他地方的物品,带着铁钱去买会买不了,因为对方不用铁钱,所以只能带着自己的商品去交易。外地的人到蜀地来做买卖,卖掉自己的商品,拿到铁钱后,带铁钱回去也没有用,只能再用铁钱换成商品带走才行。这样虽然不方便,却在一定程度上促进了蜀地与外地的商品交流。至于铁钱本身质地的好坏,并不重要。

公元36年，这个由公孙述建立起来的割据政权被兵力强大的刘秀灭掉,在蜀地使用的铁钱也就被废止了。蜀地又开始通用全国流行的铜质五铢钱。

但是,经过公孙述对铁钱的推广,蜀地铸铁钱似乎成了传统。到三国时,在刘氏的蜀汉政权铸造的"直百五铢"钱中,就存在部分铁钱,而政府也凭借铁钱聚敛了大量财富,因为铁钱本身价值不高,而一枚铁钱又标值为一百个铜钱。劣钱比好钱的价值更高,这明显不符合价值规律,完全是蜀汉政权强行掠夺民财的手段。但是直到几百年后的宋代,铁钱仍在蜀地流通最广。

宋代是个经济十分繁荣的王朝，却也曾大量铸铁钱,这又是为什么呢？

北宋是在结束了五代十国半个多世纪的混乱局面之后建立起来的。宋太祖称帝时,全国还没有统一,许多地方仍在打仗,当时还无法在全国推行统一的货币。为此,宋太祖一方面开始铸造较好的铜质"宋元通宝",禁止轻薄劣币再流通;另一方面,也准许原来就用铁钱的四川、陕西、福建等地铜钱与铁钱并用。在开宝三年(970),宋太祖在四川

宋元通宝

雅州(今雅安)设立了铸造铁质"宋元通宝"的机构,这样,"宋元通宝"就有了两种质地。不过宋太祖随即下令,"禁铜钱入两川",阻止了铜铁两种钱的兑换,使四川成了铁钱的单一流通区。

宋太宗时,四川的铁钱不断增加铸造量,宋太宗解除了铜钱不能入蜀的禁令,允许人们按铁钱十枚兑换铜钱一枚的方式进行交易,但依然禁止铁钱流出四川。这时铜铁钱兼行的地区依然是四川、陕西和福建,其他地区已经基本上统一推行铜钱。然而,由于北宋长期与周边的契丹(辽)、西夏、金等政权对峙,战争带来的庞大军费支出与和谈后年年向敌方缴纳的巨额白银和大量布帛,致使财政亏空非常严重。自宋仁宗以后,就不得不大量铸造铁钱来牟利。同时,如果铜钱外流到敌对国家,也会给宋朝带来很大的经济损失,而使用铁钱有助于防止铜钱外流。如南宋时,秦岭淮河一带大致是宋金边境,铁钱在这些地方流行最广,这

也是为了防止铜钱流入北方的金和西夏。1985年,人们在江苏高邮的古运河中发现了一处宋代沉船遗址,出土的铁钱数以吨计,可以想见当时铁钱流通的数量是巨大的。

铁钱与铜钱之间存在不同的比价,也常常带来经济上的混乱,并且为某些官吏牟利提供了方便。原本一千枚铁钱可以折算成四百枚铜钱,北宋初年铁钱贬值,一千枚铁钱只能换一百枚铜钱了。当时,有两个官员聂咏、范祥,他们向百姓征税时,对上级谎称百姓乐意上交铜钱,而不是铁钱。实际上百姓手中的铜钱很少,这两个官员就大大抬高铜钱的价格,并用自己月俸(工资)中的铜钱与百姓交换,比如一枚铜钱本来只能换十枚铁钱,他们却强行兑换十多枚铁钱,为自己赚取了很大的差价。有的百姓不愿意吃这个亏,不想换,但手中的铜钱又不够,就只好去偷窃庙里的铜佛或者去盗挖古墓找铜器,用这些盗窃来的器物熔化后铸造成铜钱。这事引起了当地的混乱,最终中央派官员前来调查,才查清了这一腐败案件,对违规的官员进行了免职等处罚。

铁钱的通行还会抑制铜钱的流通数量,因为铜钱比铁

钱更有价值,人们会将铜钱收藏或隐匿起来。因此,后世常常可以发现数量巨大的窖藏宋代铜钱。铁钱本身不是一种好的钱币,这种劣币驱逐良币的现象在宋代形成了恶性循环,让市场一直处于动荡中。正因为如此,元、明、清三代严厉禁止铁钱的流通,仅清代咸丰年间一度推行过一定数量的铁钱,铁钱基本上退出了历史舞台。

元宝的由来

《警世通言》中讲了一个故事。有一个叫宋敦的人,年过四十却没有孩子。他有一次到陈州娘娘庙去烧香拜神,祈求神灵保佑自己的妻子生个儿子。他烧完香出来时,在墙下看到一个从外地来的奄奄一息的老和尚。有人劝宋敦发发善心,为老和尚买一口棺材。宋敦答应了,来到一个棺材店,看中了一口棺材。店里老板说棺材钱至少要白银一两六钱。宋敦同意了,可是一摸身上,只有一块银子,估计只有五六钱重,加上身上带着的不到一百文铜钱,还不够棺材钱的一半呢。老板讥讽说:"你带的钱不够,到这里来

看什么棺材呀?"这时街上的行人说,那老和尚这会儿已经死了,太可怜了。老板接口说:"客官听到了吗?老和尚死了,他正在地府眼巴巴地等你为他送葬呢!"宋敦不得已,就把银子拿了出来。他这才发现,那银子是块元宝,用秤一称,有七钱多重。他又脱下自己身上一件新的白色绸缎衣服,说它值银一两以上,可以抵那剩下的钱。宋敦最终把棺材买了下来,为那死去的老和尚办理了丧事。他的这一举动得到了人们的称赞。

从这个故事可以看出,古人在做买卖时除了用铜钱外,也用银子进行交易,呈块状的银子往往叫作"元宝"。其实,元宝不仅有银的,还有金的。唐宋时,黄金和白银主要有金铤、银铤和金饼、银饼等形式,宋代以后,铤多称为锭。到元代,人们便开始用"元宝"一词指银锭。之所以称元宝,有人说是为了表示这是元朝之宝。不过,早在元朝建立以前,一些朝代的铜钱上就常见"元宝"一词,如唐朝有"大历元宝",五代有"天成元宝",宋代有"淳化元宝",等等。这说明元宝本来就是对钱币的一种通称。元世祖忽必烈建立元

南宋大银锭

王朝后,在中统元年(1260)发行的一种纸币,也用上了这个称呼,纸币名为"中统元宝交钞"。

"元宝"本来是钱币的通称,而用它来称呼银锭则始于元代。在当时,纸币是用白银作为本金的,纸币可以折算成白银,这是用白银来维护纸币流通的稳定性。但官库中存放的白银大小轻重不统一,即使有些管理银子的官吏从里面偷窃了一些银子,也不易被发现,因为无论是将库存的大量银子按个来数,还是用秤来称,都很不现实。这就造成了官库中的银子在数量上是一笔糊涂账。至元三年(1266),当时管理纸币发行的官员杨湜建议,把银子统一做成五十两一个的银锭,在上面镌刻上"元宝"铭文。这样,银子大小规格一致,每一个银锭的重量也统一,很好清点,管理库银的人就不容易盗窃了,人们使用起来也很方便。这个建议得到了皇帝的认可,于是银锭就开始正式称作元宝了。

后来,还出现了一些标有地名的元宝,其中有些是军队出征某个地方,用搜刮到的大小银块铸成的。至元十三年(1276),丞相伯颜率领军队向南进攻,攻破了南宋的都城临安(今杭州)。一路征战中,他手下的将士在各个地方

抢夺了大量碎银子。伯颜认为这些银子都属于战利品,不能归于个人,于是在班师北上到达扬州时,就下令搜查所有将士的背包,将他们掠夺来的银子全部没收。他将这些银子全部铸成一个个规整的银锭,重五十两,呈扁体,两头圆弧,中间束腰,像马鞍形状。这种银锭面上有铭文,含"扬州"二字,背部有"元宝"字样,史称"扬州元宝"。伯颜将扬州元宝敬献给了元世祖,元世祖很高兴,用它来作为赏赐品。后来官府也大量仿造这种元宝,用于商品交易。

与扬州元宝类似,后来还出现了辽阳元宝,那是元军征讨辽东后用抢夺的银子铸成的元宝。

元宝后来也有做成元宝形状的金锭,通常称作金元宝。作为贮藏的财富,虽然黄金比白银更具优势,但由于黄金较为稀有,在广阔的市场流通领域,白银的使用还是更为广泛。

元宝的材质是金银,它们都属于贵金属。由于元宝可以贮藏保值,可以折算成赋税钱,可以作为有价物进行赏赐赠予,还可以用于大宗交易时的支付,所以就成了贵金属称量货币,也就像前面故事中说的,直接在实际交易中

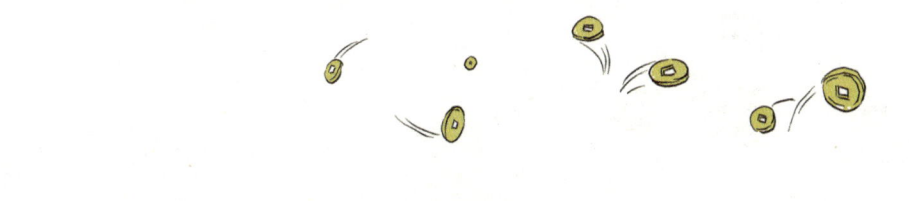

清代嘉庆年间和道光年间的元宝

使用,并按多少两多少钱来计价。

关于金银的计算单位,汉代以前用镒、斤计数,南北朝以后往往用两、钱计数。前面故事中便提到"一两六钱"的银子数。因银子本身价值较高,为了使用方便,古时候既有银锭,也有碎小银块。这样,银子就可以按两、钱、分、厘四个等级计数。这四个计算单位间的换算关系是:一两等于十钱,一钱等于十分,一分等于十厘。

《水浒传》中描写宋江与武松第一次见面的情形非常

有趣。在柴进的庄上，患病的武松正在烤火取暖，喝酒喝得有些醉了的宋江迷迷糊糊走过他身边，一脚踩在盛着炭火的铁锹的木柄上，铁锹一翘，那上面滚烫的炭灰扑了武松一脸。武松大怒，跳起来就要打宋江。这时有人赶紧跑过来劝架，不一会儿，柴进也赶到了，向武松介绍这个人就是大名鼎鼎的宋江。一听此人是宋江，武松马上转怒为喜，向宋江下拜，说久闻大名，没想到会这样相遇。宋江也很赏识武松，他们都觉得相见恨晚。后来武松要回乡看望哥哥，宋江便摆了一桌酒席为武松饯行。临别时，宋江拿出一锭十两

的银子送给他。武松不肯收，宋江说不收就不认他做兄弟，武松只好收下。宋江又取了些碎银子，向店家结了账。小说的这一段描述中，就提到了"一锭十两的银子"和"碎银子"。另外，《西游记》中也有关于银子数量的描写：唐僧师徒到达天竺国的玉华县时，见那里非常繁华，东西非常便宜，一石白米的价格是四钱银子，一斤麻油的价格是八厘银子。唐僧一个劲儿夸赞那里是五谷丰登的极乐世界。

  从古典小说的描述中，我们可以知道，元宝、碎银也曾是很流行的货币。

纸币的发明

南宋初年,南方的宋军与北方的金兵激战正酣。南宋朝廷派出神武右军从都城临安(今浙江杭州)前往婺州(今浙江金华)屯驻。军队行动,需要带大量钱币购置军用物资,而当时这一方向的水路不通,运送大量钱币过去很不方便。于是朝廷决定使用类似纸币的"关子"。中央的户部将印有"见钱关子"的纸券运至婺州,用于换取当地的货物。商人又可以拿换得的关子去临安等地的专门机构换回相同价值的铜钱。为了鼓励商人使用这种纸券,朝廷还许可商人从中获取百分之一的利息。东南地区后来的"会

子",和关子的性质也差不多。

这种纸券,类似后世的银行汇票。它的来源可以上溯到唐朝的"飞钱"。

唐宪宗年间,有一个商人到长安经商。长安可是个大城市,他在这里赚了好几百贯钱。他想把这些铜钱带回家乡去,可是这么多钱,回家的路途又那么遥远,万一在途中遭遇抢劫,那可就不仅是把钱丢了,连性命都可能保不住,这可怎么办呢?好在当时朝廷实行了一种分割契券兑换现钱的业务,那些到了长安的商人卖了货物赚了钱,先在长安的指定地点交付现钱,得到半张纸质凭证,收钱的一方将纸券的另一半送往交钱人将要去的地方,那儿有他们开办这项业务的分支机构。交钱人带着半张凭证到了要去的地方,找到那边的机构,拿出半张纸券对接,相契合了,交钱人就可以在那里按凭据上的钱数取到现钱。

这种方法解决了商人在旅途中携带大量铜钱不便的

问题。当时将这种汇兑业务称作"飞钱",意思是通过这样的方式,钱就好像可以飞行一样。到了宋代,政府借鉴了飞钱的模式,为了快速有效地征收国家需要的物资,也为了解决人们带着大量的现钱或茶、盐等重要货物长途跋涉的不便,推出了"交引"。商人们可以在指定的地区提供政府所需要的粮草等物资,而政府则根据物资的价值,给予商人可以在指定机构兑换现款或盐、茶等货物的凭证,这种凭证就是交引。而这种交引又促成了最早的纸币——"交

子"的产生。

　　交子最早产生于四川地区。在宋代，由于朝廷限制四川境内的铜钱数量，又不允许四川的铁钱流往外地，这就极大地影响了当地商品的流通。铜钱太少，铁钱铸造也比较混乱，其中有一种大铁钱一贯（一千钱）的重量竟达二十多斤。这样，带上三五贯铁钱去交易就很不方便。因此，人们开始琢磨解决办法，最终想出了使用信用纸券的方式。这种纸券当时称作"交子"，由一些很有实力、信用较好的商户联合发行。人们把钱交给这些商户，就能够拿到写有钱数的交子。交子可以兑换现金，也可以直接购物。这种私营的交子票面有商户的画押和防伪的印记，在发行的初期获得了较高的信誉。

交子给商品流通带来了极大的便利。人们不用带着笨重的铁钱,只需带着轻薄的交子,就可以进行买卖。不过,交子的使用也有风险。最初因为交子在发行限额、票面定额等方面都没有明确的规范,如果大量发行交子,发行者手中的铁钱就会聚集过多,难免出现挪用铁钱的现象;如果有的发行者想从中牟利,还有可能私自发行空券,就像私自印钞一样。这些行为会降低交子的信用度,导致持有交子的人对它不放心,都急于将它换成铁钱,从而造成挤兑的风潮,甚至造成发行人的破产。后来,交子改由政府发行,每次发行都有一定限额,而且固定了交子的面值,不像从前根据预存钱数临时填写。

由于政府的政策调整以及过度增印等问题的出现,交子在流通过程中逐渐贬值。北宋后期,又出现了取代交子的"钱引"。所谓"引",原指客商向官府交纳金银钱帛后获取的一种凭证,用它可以到指定的其他地点去换取茶、盐等物。这样的凭证信用度高,有时在商品交易中还被当成货币使用,由此而产生了钱引,也算是一种新的纸币。官府设立了管理钱引的"钱引务",取代了以前的"交子务"。钱

引的票面印刷较为讲究，为多色套印，上有"利足以生民""强本而节用"之类有关富国利民的语句，又有花鸟草木、龙凤金鸡、人物故事等复杂图案。这是世界上最早含有人物、花卉等图案设计的纸币。

钱引是流通时间最长的早期纸币，南宋宝祐四年（1256），它才被"会子"所取代。会子在北宋时已出现，最初类似于现在的汇票，南宋绍兴年间开始有了纸币的性质，可以流通。此后它就成为宋代发行量最大的纸币。

会子后来又被早已存在的"关子"所取代。同会子一样，关子最初也类似于汇票。南宋理宗景定年间，物价飞涨、纸币贬值，眼看会子不好使了。为扭转这种纸币不值钱的状况，丞相贾似道就新造了一种可以作为纸币流通的"关子"，而停止使用会子。这种关子和被停用的会子本质上没有什么区别，属于换汤不换药。贾似道当时的权力很大，据说因为自己姓贾，就把关子上面的印纹排成了类似"贾"字的形状。"贾"的繁体字写作"賈"，在关子上，上面的"西"和下面两点是黑色印刷，中间的"目"是红色印刷，这样的彩色套印的纸币，是很有新意的。不过，贾似道是个很

贪婪的人，他通过印制新的关子，废除旧的会子，强令老百姓用手中的会子按不合理的比价兑换新的关子，比如规定关子一贯相当于七百七十文铜钱，同时相当于三贯会子。通过这种兑换法，他就可以从差价中大量获利。1275年，元朝军队进攻南宋，长期专权的贾似道派出的军队打了败仗。他见势不妙，就逃回了扬州，最后被朝廷革职查办，死在了发配的路上。这个故事又说明，纸币在发行过程中，也可能被人为的因素所左右，从而导致纸币的贬值。

尽管如此,宋代先后推行的交子、钱引、关子、会子等,是世界上较早可以流通的纸币。也就是说,中国是发明纸币的国家。这在钱币史上是值得大书特书的一件事情。而且,由于纸币与国计民生息息相关,必须有很好的制造纸币的工艺,以尽可能地防止不法分子仿造。宋代纸币使用的纸张很精细,有利于促进造纸术的提升;印纸币的木版或铜版雕刻繁复、规范,有助于推进雕版印刷术的发展;纸币上的各种纹饰和不同颜色的套印,也是对中国传统版画工艺的创新。因此,在中国传统的货币文化中,纸币的产生具有划时代的意义。

纸币最初在西方人看来,是种不可思议的东西。元代初年,意大利人马可·波罗来到中国,在中国生活了好多年,后来他携带了很多在他看来很稀罕的东西回到意大利。他向人们讲述在中国的见闻,把他带回去的许多珍贵物品如象牙、玉器、瓷器、丝绸乃至纸币等展示给人们看,告诉人们,中国是一个遍地黄金的天堂。虽然他说话的口气有点儿夸张,但基本的情况还是属实的。可是当时没有几个意大利人相信他,觉得他简直是在说梦话。比如他说

在中国看到了喷油的泉,实际指的是石油;还说看到了可以燃烧的石头,实际指的是煤炭。这在中国当然是客观存在的,而当时的意大利人就是不相信会有这样的事情。尤其是对于纸币,马可·波罗先后见到元代的中统元宝交钞、至元通行宝钞两种纸币,惊讶得不得了,这样轻薄的纸,携带起来多方便啊,用它们竟然可以购买各种商品,这简直就是魔法呀!但这事也让当时的意大利人不相信。他们说:

"不要把我们当弱智好不好？拿一张随时可以撕碎的薄纸，就可以当金币、银币、铜币使用，哪有这样可笑的事情？你骗鬼去吧！"那时欧洲人只用金银铜铸币，根本想象不出这个世界上还会有纸币。

尽管马可·波罗的话最初不被人相信，但有一位作家根据他游历东方的口述整理成的《马可·波罗游记》却成了中世纪欧洲的畅销书之一。后来，才有越来越多的人相信马可·波罗说的是真的。当然，他所提到的中国纸币，后来也影响了欧洲人，于是欧洲也逐渐出现了纸币。

如今，纸币已成为全世界各个国家最主要的货币。

知识充电站

东南会子：南宋的一种纸币。朝廷设"行在会子务"管理纸币印制、发行，面值分为一贯、二贯、三贯三种，主要流通于东南各地。

大明宝钞：明朝官方发行的唯一纸币，始印于洪武年间，用桑树皮造纸印制，分六种面额——一百文、二百文、三百文、四百文、五百文、一贯。其中一贯钞值铜钱一千文，也就是白银一两。其票面长一尺，宽六寸，是中国历史上纸面尺寸最大的纸币。

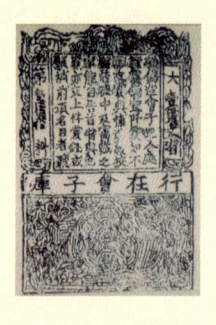

南宋行在会子库钞版拓片　　大明宝钞

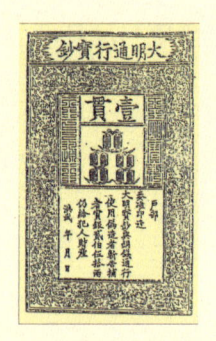

钱币史上的奇人逸事

在中国历史上,有很多名人都与钱币有着这样那样的联系。比如汉代曾经参与铸钱的邓通,改革币制发行新钱的王莽,晋代不肯说"钱"字的王衍、王献之等人。

钱能让人富裕,也能让人疯狂。对待钱的正确态度,应该是"君子爱财,取之有道",真正的君子也不应该避讳谈钱。希望每个小读者都能正确对待金钱。

邓通的发迹史

邓通是西汉人，因为皇帝曾经允许他铸造铜钱，所以他成了一个超级有钱的人，富甲天下。邓通这个名字，几乎就是"钱"的象征，这很有传统民间文化的特点。古人喜欢把在某方面很突出的人当作一种文化象征，如诸葛亮被民间当作智慧的象征，岳飞被民间尊崇为

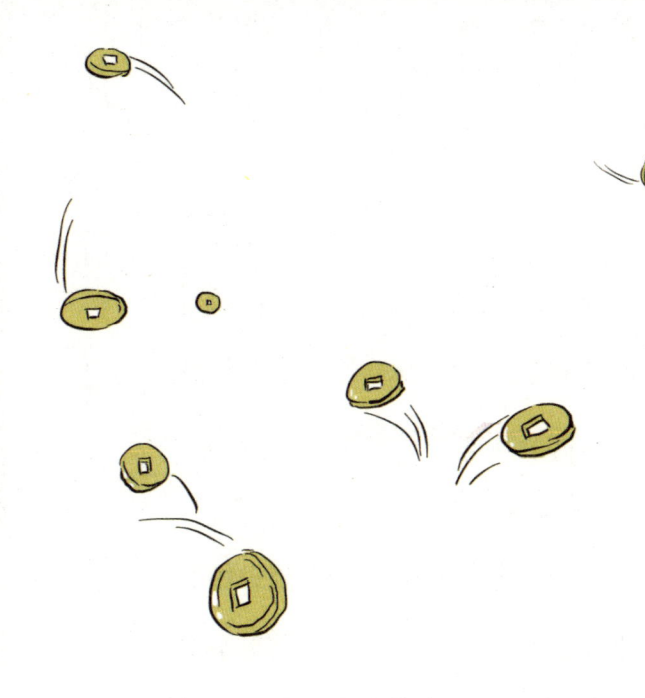

忠勇的化身,等等。邓通被当成财富的代言人,这反映了古人对金钱的追求。

而实际上,曾经很有钱的邓通,结局却很悲惨。他最终竟然是在无钱无势、负债累累中死去的。这是不是很让人感到不可思议?

邓通是西汉时的蜀郡南安(今四川省乐山市)人。他本是个没什么本事的人,但在玩水撑船方面却练就了一副好身手,加上家里为他捐了官,所以他进宫当了个"黄头郎"——一种掌管船舶行驶的吏员。说白了,不过是个掌舵撑篙的小船夫。

但人的好运气往往会改变命运。有一次汉文帝做了一个梦,梦见自己想登天而上不去,这时身后有一位黄头郎推了他一把,使他成功登天。他回头看时,依稀看到了那黄头郎的穿着。文帝醒后,赶忙到郎官中寻找这么个人。事情就有这么巧,邓通当时的穿着与文帝梦里的黄头郎的穿着

很像，而且他的姓"邓"与登天的"登"读音相似，文帝便确信在梦中一定是这个年轻人推自己上了天。这一下邓通迎来了自己的命运大转变。文帝从此便常把他带在身边当侍从，甚至还时常到邓通家里去游乐。

有一个人很会相面，文帝让他看看邓通的面相。相面者说，邓通将来会因贫困饥饿而死。这让文帝心里很不痛快。文帝认为，人的富贵或贫贱，皇帝一句话就可以决定。他说："邓通能不能富贵，由我说了算。说他会贫寒，这话从何说起呢？"于是文帝不仅赏赐给邓通大量钱财，还把蜀郡严道（今四川省荥经县）的铜山赏给了他，准许他采铜矿铸钱。

铸造钱币本是官府的事情，皇帝一高兴，便把这活儿赐给了一个本来没什么本领的邓通。邓通靠着铸造钱币，迅速发家致富。他家铸造的钱，在全国各地流通，在当时有了"邓氏钱"的称呼。

不过，常言说，福兮祸之所伏。富贵来得容易，去得也快。宠信邓通的文帝一死，继位的景帝就让邓通一下子从天堂掉进了地狱。原来景帝做皇太子时，有一段时间文帝

因患病身上溃烂化脓，很会巴结讨好的邓通竟然用嘴为文帝吸吮伤口并将伤口舔干净，这让文帝非常感动。文帝问邓通，天下谁最爱皇帝，邓通回答说是太子。于是文帝在太子前来探视病情时，也让他用嘴吸吮伤口，太子虽然勉强做了，但却露出一点愁眉苦脸的表情。后来太子得知邓通在这一点上做得比他好，从此对邓通怀恨在心。等文帝一死，太子继承皇位（也就是后来的汉景帝），邓通的日子当然就不好过了。

后来，有人告发邓通偷偷到塞外铸造钱币，经审理确有其事。于是，景帝下令抄了邓通的家。这下真的验证了皇帝可以让一个人富贵也可以让一个人贫贱这句话。

就这样，邓通一下了变成了穷光蛋，甚至还欠了很多债。后来，这个曾经富可敌国的显赫人物，在贫苦中悲凉地死去。邓通死时，身上没有一个钱，后世流传的"不名一钱"这个成语，就来源于他的故事。

这个故事告诉我们，一夜暴富固然表明了好的机遇对一个人的帮助，但富翁转眼间变得一贫如洗，也是世间常有的事情。尤其在皇帝对臣民有生杀予夺权力的时代，人

的命运往往是自己难以掌握的。唐朝杜牧有一首《杜秋娘诗》，其中有几句即说明了这种世事沧桑的状况："苏武却生返，邓通终死饥。主张既难测，翻覆亦其宜。"它的大意是说，被匈奴软禁达十九年的苏武竟能活着回来，曾经是天下第一富豪的邓通却终因饥饿而死，可见世事难料，起起浮浮都是常有的。

从这个故事也可以看出，汉代皇帝有时一高兴，就随意批准某个宠臣拥有铜山并铸造钱币，这样的行为无疑会给国家钱币制度带来混乱。私人铸钱，相当于私人代表国

家发行货币。汉代的钱币铸造与发行本来应当由朝廷专门的机构管理,而在皇帝的纵容下,邓通这种只会划船的船夫却可以和政府的官员一样管理钱币铸造。这不只是不利于汉朝政府的统治,也是对百姓利益的严重侵害。这就是私人铸币所带来的恶果。

知识充电站

上清童子:铜钱的拟人化代称。传说唐朝士人岑文本遇见一位叫元宝的道士,道士道号为上清童子,穿青衣,称这是上清五铢服。据道士说,早在汉代他就已得道,并深受帝王和臣民的喜爱。他与岑文本聊得很开心,后来忽然消失了。岑文本在附近发现了一座古墓,墓内只发掘出一枚古钱。岑文本于是醒悟,那个上清童子原来是铜钱幻化出来的。童子的"童"与铜钱的"铜"读音相同,五铢、元宝是指铜钱上的文字(如五铢钱、大历元宝钱),青衣则指铜钱的颜色。于是后人就把铜钱称作上清童子了。

疯狂的王莽

"金错刀"在古代文人的笔下,表示很珍贵、美好的东西。汉代张衡《四愁诗》有"美人赠我金错刀,何以报之英琼瑶"的句子,就是说"别人送给了我金错刀,我也要用珍贵的美玉来报答人家"。

金错刀,指的是王莽在居摄二年(7)铸造的一种货币,上面有"一刀平五千"五个字,其中"一刀"两个字用黄金镶嵌而成。这种情形在中国钱币史上是独一无二的,因而这种钱十分珍贵。但当时规定一枚这样的钱等同于五千枚五铢钱,比价极不合理,因而它流通不久就被废弃了。而作为

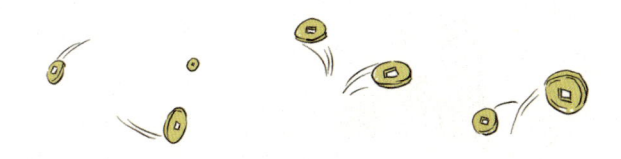

中国历史上最精美的货币之一,金错刀在历代诗文中留下了美名。

我们由此不能不对王莽掌权时期铸造的钱币产生兴趣,王莽当时推行的货币改革,究竟好不好呢?

历史上对王莽的评价很低,基本上是一片贬斥声。

世人贬低他,主要是因为他篡权,篡权后又在土地买卖和钱币制度上胡乱改革。汉代本是刘家的天下,王莽这个姓王的人借着外戚的身份进入朝堂,逐渐扩张自己的势力,最后逼宫,让孤儿寡母的皇太子孺子婴和太皇太后交出了代表皇权的传国玺,从而自己称帝,建立所谓"新"王朝。古时篡权夺位的人很多,如果夺得皇位之后能给国家带来和平富足,后世的人也就睁只眼闭只眼,承认他的政权的正统性和合法性。而王莽掌权时间不长,仅仅十几年,并且在这极短的时间里大改国家原有制度,破坏了经济秩序,造成了社会的动荡不安。

王莽就是一个疯狂标新立异的人。在这里,我们只需要看一看他在钱币上的改制,就可以见识到他是怎样疯狂的人了。

历史上恐怕没有哪个王朝像王莽统治时期那样,在短时间内不断更改钱币种类,胡乱调整新旧钱币间的比价。第一次改币制是在居摄二年,此时王莽已经居于摄政位置(将皇帝年号改成"居摄"就是这个意思)。他当时铸造了一种大钱,重十二铢,是西汉五铢钱重量的两倍多,而面值却是五铢钱的五十倍,叫"大泉五十";紧接着又铸造了刀形钱"挈(契)刀五百",重量大约是大泉五十的两倍,一个却充当五铢钱五百枚;又铸"一刀平五千"钱,重量比前几种钱都大,它的币值竟高达五铢钱五千枚。王莽的用意,是想用新钱彻底取代旧钱。因为他掌权后,刘氏皇族在经济上仍然很有实力,王莽就想通过这种方式让他们手中的钱贬值。然而他这一改,遭殃的不只是刘氏皇族,普天下的老百姓也都跟着倒霉,人们手中原有的五铢钱都贬值了数十数百倍。这当然会把市场交

"一刀平五千"金错刀

易完全搞乱了。

过了两年,王莽干脆废黜了孺子婴,把"摄皇帝""假皇帝"的称号扔在一边,正式称帝,成了"真皇帝",还改年号为"始建国"。汉朝皇家姓刘,古代"刘"字的繁体字写作"劉",由卯(卯)、金、刀(刂)三部分组成,王莽认为它与一种叫"刚卯"的辟邪之物有关联——当时的风俗中,正月的卯日制造的刚卯,有使刘家兴盛的寓意。王莽认为自己称帝就要禁止一切体现"劉"的东西,如刚卯,还有"金刀",于是先前他推行的刀币也停止使用。当然这是为废弃刀币找的借口,实际上,更主要的原因还在于"契刀五百"和"一刀平五千"两种刀币实在是没办法推行下去了。废止了刀币,他又发行了一种"小泉直一"钱,与原来的"大泉五十"一起使用。

但老百姓认为王莽钱制变化无常,没有信用,还是习惯使用五铢钱。王莽便下令严惩不支持新钱的人,还派五十名官员到各地去就地铸造新币。这就改变了原来由中央掌控铸钱权的制度,各郡国都可以铸钱,钱制也就一片混乱,直接导致社会经济濒于崩溃。

到始建国二年(10)，王莽又不得不进行第三次币制改革。他大量增加了钱币的品种，除小泉直一和大泉五十外，还包括幺泉一十、幼泉二十、中泉三十、壮泉四十、小布一百、幺布二百、幼布三百、序布四百、差布五百、中布六百、壮布七百、第布八百、次布九百、大布黄千。这些钱分"泉"和"布"两种，合称"六泉十布"，简称"布泉"。布泉价值各异，像一个"幺泉一十"就等于十个五铢钱，一个"大布黄千"就等于一千个五铢钱。

这样三番五次胡乱改革，一是破坏了原来的市场交易秩序，旧钱被废，新钱又很难被认可，人们往往更愿意用黄

十布

金白银购物，或者干脆用物品换物品，而不愿用王莽的新钱买东西；二是新钱的币值高，引发民间大量的盗铸行为。面对这些情况，王莽采取了严厉的打击措施。

他强令不许普通官员和百姓携带黄金，所有黄金必须交公，到国库换成新钱。然而，人们交上黄金后，却往往兑换不到应值的钱数，相当于王莽强行夺取了人们手中的黄金。为了让人们重视新钱，他还把新铸的布泉作为类似于通行证的凭证，下令官民出行必须持有这种凭证，没有凭证就不许住旅店，过关卡时就要受到刁难，甚至朝廷百官要进入宫殿门，也得持这样的钱作为入门证。对于私人盗铸钱币的行为，王莽采取连坐的酷法来处置，即一家铸钱，五家受牵连，都要被抓起来沦为奴婢。有一年秋天，国内发生了大规模的饥荒，很多人盗铸铜钱。王莽下令，把盗铸钱的男子关到槛车之中，妇女和孩子被拴着跟在后面，一起送到都城长安去。在当时，这样的犯人竟多达十余万，从一个侧面反映出当时社会的混乱。

这样的暴政，注定要导致民众造反。地皇四年(23)，王莽在战乱中被杀死，并且被蜂拥而来的士卒分尸，头颅也

被挂起来示众，由此可见民愤有多大了。

唐朝诗人白居易在《放言五首·其三》中感叹："试玉要烧三日满，辨材须待七年期。周公恐惧流言日，王莽谦恭未篡时。向使当初身便死，一生真伪复谁知？"也就是说，判断一个人的好坏，要靠时间来检验。王莽在篡汉之前，还一直装模作样，非常谦恭，而一旦大权在手，他疯狂的另一面就暴露无遗了。因此白居易认为，如果王莽早早死去，世人说不定还会误把他当贤人看待呢！

不过，从货币发展史来看，王莽的币制改革也有创新的意义：一是把原来的计重货币改成计值货币（如大布黄

千,只表明它的面值是一千,不考虑它的钱重是多少);二是首创了我国货币的十进位制(如幺泉一十、幼泉二十、小布一百、幺布二百……),对后世有深远的影响;三是王莽时期铸造的货币非常精致,铜质也好,文字工整,这在历代货币中是很少见的。前面提到的"金错刀",就是历史上最精致的铜币之一。

知识充电站

白水真人:钱的拟人化代称。西汉王莽篡权后,为避"劉"姓的"金刀",遂改称钱币为"货泉"。此后刘秀起兵,建立了东汉。因刘秀在起兵前住在春陵白水乡,有人分析"货泉"两个字,称"泉"字就是"白水","货"字可拆解为"真人"("货"的繁体字写作"貨","真"的异体字写作"眞","貨"左上角的"亻"指"人",其他部分像是"眞"字)。于是,人们附会说,王莽造"货泉"时,就已预示白水真人将会出现,果然后来就出了个打天下的刘秀。"白水真人"因来自"货泉",所以就成为钱币的代称了。

不肯说"钱"字的名士

"阿堵物"是钱的别称,这个词源于晋朝王衍的故事。

"阿堵"本是六朝时期人们的习惯用语,意思是"这个"。王衍是个喜欢标榜清高的人,他对于当时盛行的追求金钱的风气很是鄙夷。为表示他从不把钱当回事,故而平常说话从不带"钱"字。他的老婆很贪钱,就总想改变他这种口不言钱的执念,用了种种方法引诱他在无意中说出"钱"字,但试了好多回,都不管用。有一天早晨王衍起床时,发现整个床被一串串铜钱围起来了,原来又是他老婆想的歪主意,她想听到他喊"把钱给我挪走"。没想到,王衍

对丫鬟喊的却是:"举却阿堵物(把这个东西挪走)!"

从此人们就用"阿堵物"这个词代指钱币了。宋代张耒《和无咎》一诗中就有"爱酒苦无阿堵物"的句子,意为没有阿堵物,连酒都喝不成。而唐朝张谓有诗云:"家无阿堵物,门有宁馨儿。"宁馨儿是人们对小孩子的美称,这句诗是说家中没有钱财之类的东西,却有值得骄傲的好孩子,可见不看重阿堵物的人还是有的。

对于王衍的故事，不少古人都很赞赏。相传宋末元初的文人郑思肖曾充满敬意地画了一幅《王衍举阿堵物图》，并在图上题了一首诗："口不言钱早不同，何须相试苦相攻。今朝叱去阿堵物，一室玲珑分外空。"意思是说王衍鄙视钱的志向早就很明确，妇人何必还要试探呢？当他一声大吼拿走那阿堵物后，整个房间都显得格外清新空灵了。虽然这幅画并没有留传下来，但这首诗却传诵至今。

口不说钱，表示清高，本是晋代名士的风骨。但实际上，晋代许多一直标榜清高的王公贵族却未必都很清高，他们或视钱如命，或有意用钱摆阔，一身的俗气，很难想象他们还被人称为清高的名士。

西晋王戎是著名的"竹林七贤"之一，按理应当不俗吧？然而我们却看到许多他吝啬的逸事。王戎爱钱如命，晚上时常与夫人一起在烛光下拿着象牙筹（一种计数的工具）计算自家的钱财。他家中有棵李树长得很好，他想卖李子，又怕别人得到李子种，竟然事先把李子的果核钻破。王戎的女儿嫁给裴頠，曾向王戎借了数万钱，很久都没有归还。待女儿回家省亲时，王戎的脸色就很难看。女儿赶紧把

钱还清,王戎才高兴起来。正因为他俗,阮籍管他叫"俗物"。有一次阮籍约他一起去竹林中游玩,他迟到了,阮籍就说他:"你这俗物,又来败坏大家兴致!"宋代刘克庄在《王戎》一诗中便这样评价他:"惜李常钻核,商财自执筹。如何嵇阮辈,放入竹林游?"

还有当时的社会名流和峤,也十分爱钱,被人称作"钱癖"。王济也是出身名门,总向别人炫耀自己多么富有。他

曾花重金买地建造马场,并在场内铺满金钱,人们称这个马场为"金沟"。如此看来,对金钱持无所谓态度的人,确实是不多的。宋代洪适有一句诗"挥麈宁谈阿堵物",就是说那些清高的文人雅士手挥拂尘谈玄论道,他们难道会有兴趣谈论阿堵物吗?不过,这终归是一种理想的境界,不是一般人能做到的。

第5章

压岁钱：与钱币有关的风俗

相信每一位小读者在过春节的时候，都收到过长辈给的压岁钱。收到压岁钱的时候，你开心吗？

压岁钱是与钱币有关的风俗，它的历史很久远。长辈们给晚辈们压岁钱，是想给孩子们带来平安、幸福。快来了解一下压岁钱背后的文化知识吧！

每逢过年,家中长辈总会给儿孙们压岁钱。鲁迅在他的散文《阿长与〈山海经〉》中,就以自己幼年时期的切身经历,生动讲述了少年过年拿到压岁钱后的心情:"一年中最高兴的时节,自然要数除夕了。辞岁之后,从长辈得到压岁钱,红纸包着,放在枕边,只要过一宵,便可以随意使用。睡在枕上,看着红包,想到明天买来的小鼓、刀枪、泥人、糖菩萨……"说明压岁钱总是给孩子们带来欢乐与期望。

压岁钱也称押岁钱,它开始于哪个时代呢?清朝嘉庆年间有一本专门谈论俗语的辞书《谈征》,书中提到了压岁

钱,可是却没有讲清这个风俗的来源。现代多数人则认为它始于汉代的厌胜钱。所谓厌胜钱,其实是一种不进行流通的钱币,可以当作饰物,主要功能是求吉辟凶。虽然早先的压岁钱确实属于厌胜钱中的一种,但称为"压岁钱",且专门用在除夕,却不是始于汉代,甚至到唐宋时也还没出现呢。"压岁钱"的名称最早大约出现在元代,除夕给压岁钱也应是元代才开始流行的习俗。元代吴当写有诗作《除夕有感·其二》,其中就有描写儿童争相找大人要压岁钱的句子:"家人共守迎春酒,童稚争分压岁钱。"这从一个侧面反映出压岁钱在当时已经是很常见的了。

这一风俗后来就一直延续下来。《红楼梦》写贾府过年,就有这样的记述——全家大小都要分批排队,去给府中辈分最高的贾母拜年。行完了礼,贾母就会给大家发放"押岁钱",并赠送荷包、小锭金银等物品。然后就摆宴席,大家开始吃年夜饭。清代洪亮吉在《南楼忆旧》中也说:"除夕初开宴喜筵,诸孙合队拜床前。有心欲乞奇书读,辞却朝来押岁钱。"洪亮吉在诗后注解说,除夕这天人们要选取铜钱,穿在特制的绳子上,发给小孩子,取名为"押岁钱",也

叫"百索"。还有汪由敦所作《除夕》:"太平竞写宜春帖,利市先分压岁钱。"这些都是除夕夜分发压岁钱这一习俗的证明。

民间有一种传闻,说是"岁"的读音与"祟"相同,指的是一种怪物,"压岁"的意思就是压制住它。然而这种说法缺乏文献依据,古书中没见过"岁"与"祟"含义相通的说法,而且旧时有的地方称压岁钱为"添岁钱",总不能说把妖怪添加在身上吧。其实,"岁"指的是岁月、时序,古书中常把年终称为"岁将更始",就是指旧的一年即将过去,新

的一年即将来临。

尽管如此，过年时要驱疫辟邪，也是历史悠久的传统。让我们看看古代人们过年时是怎样驱邪的。除夕到了，一些人戴上很恐怖的面具，穿上吓唬怪物的衣服，拿着棍棒、火把，敲锣打鼓，嘴里还大声呼叫着，在房间内举行驱逐怪物的仪式。大家在墙壁、地上敲敲打打好一阵，表示已经镇住了怪物，新的一年就会平安如意。人们把这一风俗称作"傩"（nuó），最晚在周代就已经有了较为完备的傩祭仪式。

从前过年时，人们会在门上挂上画有门神的桃木板或

纸,现在演化为春联、年画;在门窗上贴纸钱,现在是贴吊钱(又叫"挂笺""挂钱");还击鼓敲锣,燃放鞭炮、焰火,称为"闹年"。过年放鞭炮和焰火,都是除夕求吉祥、驱邪气的习俗。

压岁钱属于古代厌胜钱的一种,本身也有辟邪的意义。如旧时将压岁钱分给儿童时,往往用红绳拴着系在儿童的胳膊上,或是用红纸包着,放在儿童的枕头下,也有压在床脚下的。前面提到的鲁迅文章中所记述的情形,大致就是这样的。这也反映了人们在过年时祈求平安、远离怪物的心理。由此可知,压岁钱与古代过年时驱赶怪物的习俗还是有一定关系的。